Affaire de l'Odéon.

MÉMOIRE.

PARIS.

Juillet 1816.

Affaire de l'Odéon.

MÉMOIRE EN VERS,

EN RÉPONSE

AU MÉMOIRE EN PROSE

DE M. L'AVOCAT DE LA LISTE CIVILE.

IMPRIMERIE DE FAIN, RUE DE RACINE,
PLACE DE L'ODÉON.

Affaire de l'Odéon.

MÉMOIRE EN VERS,

EN RÉPONSE

AU MÉMOIRE EN PROSE

DE M. L'AVOCAT DE LA LISTE CIVILE;

Par Alexandre Duval,

DE L'ACADÉMIE FRANÇAISE.

Et sermone opus est modò tristi, sæpè jocoso,
Defendente vicem modò rhetoris, atque poëtæ,
Interdùm urbani. . . . .
. . . . Ridiculum acri
Fortiùs et meliùs magnas plerumquè secat res.

HOR. *Sat. X, lib.* I.

A PARIS,

Chez DELAUNAY, Libraire, Palais-Royal, galerie de bois.

1816.

Avant de parler en vers à mes juges et au public, je crois devoir leur adresser, en humble prose, quelques observations préliminaires.

Depuis sept ans, l'*Opéra Italien* florissait à l'Odéon. Le *théâtre français*, malgré des obstacles sans nombre, et quoiqu'il ne lui fût pas permis de jouer les pièces des grands maîtres de l'art, y parcourait une modeste carrière, n'était pas entièrement délaissé, et pouvait se promettre plus de succès pour l'avenir, surtout depuis que les Bourbons avaient ramené avec eux et l'ordre et la paix.

Tout à coup une décision ministérielle vint détruire un établissement dont personne n'avait à se plaindre, et que l'un des plus grands et des plus beaux quartiers de Paris désirait conserver. On retira d'abord à l'Odéon son titre de *Théâtre royal*, et la subvention pécuniaire qu'il recevait, depuis sept ans, pour les bouffons et la comédie française. Bientôt après une célèbre cantatrice obtint le privilége du spectacle italien, le transporta dans un autre quartier de la capitale, et on lui rendit la subvention dont on avait privé les anciens administrateurs.

Le théâtre français restait seul à l'Odéon. Je continuais à le diriger, lorsqu'une lettre, émanée des bureaux du ministère de la maison du Roi, m'annonça que je n'étais plus directeur. M. Picard fut nommé à ma place, et l'on rendit en même temps au théâtre toutes les faveurs dont on l'avait privé; et son titre de *royal*, et la subvention.

C'est ainsi que M. Picard est rentré, *sans bourse délier*, comme disent les gens d'affaires, dans une entreprise que, par acte authentique, il avait cédée pour 52,400 francs. C'est ainsi qu'il jouit d'un *privi-*

lége qu'il a vendu, pour me servir des expressions du ministre lui-même, dans la lettre où il m'annonce la nomination de M. Picard.

Lecteurs, vous n'apprendrez point sans quelque surprise que M. Picard était mon plus ancien ami; que, dans notre jeunesse, tout était commun entre nous, travaux et plaisirs, revers et succès. Jugez de ce que je dus éprouver!...

Je prévis qu'étant obligé de rendre publiques mes justes réclamations, il me faudrait nécessairement dévoiler la conduite obscure et tortueuse de M. Picard. C'est ce que j'aurais voulu éviter. Je crains le bruit; et je sais trop que les querelles d'auteurs peuvent bien amuser quelque temps les oisifs et les envieux, mais nuisent à la considération qui devrait toujours être attachée à la profession d'homme de lettres. Je fis donc proposer à M. Picard de prendre ses amis pour juges de notre querelle, promettant que, s'ils pouvaient trouver un moyen de concilier les intérêts de l'entreprise et la gloire de M. Picard, je l'adopterais sans balancer; que je renfermerais dans mon cœur, que je cacherais au public mes griefs contre mon ancien ami. Ma proposition fut acceptée; mais, sur dix personnes qui devaient composer cette espèce de tribunal d'arbitres, *deux* seulement se présentèrent, et ce fut pour déclarer qu'ils ne voulaient point se mêler de tout ce qui pourrait intéresser M. Picard dans l'affaire. Ainsi ma tentative pour une conciliation n'eut aucun résultat. En faisant cette démarche, que je regarde comme honorable pour moi, mon but était de convaincre les amis mêmes de M. Picard de la justice de mes plaintes, et aussi de montrer quels sont les égards que l'on se doit entre gens de lettres.

Les anciens administrateurs de l'opéra italien de l'Odéon disent avec justice au Gouvernement : Nous sommes loin de vous contester le droit d'accorder à qui bon vous semble le privilége de tel ou tel théâtre, de verser vos faveurs sur ceux que vous en croyez le plus dignes; mais vous devez des indemnités à d'anciens possesseurs dont vous troublez la jouissance; vous devez surtout vous charger des engagemens qu'ils ont contractés, et par votre autorisation, et sur la foi de vos promesses. Tel est l'objet d'un Mémoire que ces administrateurs ont publié en réponse à un gros factum, ou plutôt à un calomnieux libelle dans lequel l'avocat de la liste civile n'a pas rougi de nous représenter comme *attachés au char de l'usurpateur, et liés à sa fortune*, parce que notre théâtre avait reçu de lui son organisation et des secours.

Or, vous saurez, lecteurs, que ce même avocat était naguère notre *conseil;* qu'il trouvait alors nos réclamations fondées en raison et en droit; qu'il nous dirigeait dans les démarches à faire auprès du Gouvernement pour obtenir justice.

Les administrateurs, dans leur Mémoire, ont démontré nos droits. Je me suis donné, moi, une autre tâche : celle de débrouiller le fil assez compliqué de l'intrigue par laquelle on est parvenu à tromper les chefs du ministère, à leur faire commettre la plus criante injustice; par laquelle on nous a dépouillés, sans motifs, de notre entreprise, et livrés à la merci de créanciers qui ne sont pas les nôtres, mais bien ceux du Gouvernement.

Si l'on me demande pourquoi j'ai écrit en vers?

C'est que les vers s'impriment dans la mémoire, et que j'avais à tracer des caractères dont je ne serais pas fâché que l'on gardât le souvenir.

Si l'on me demande pourquoi, dans une affaire qui trouble mon repos et compromet ma modique fortune, je puis me livrer à quelques saillies de gaieté, et me permettre la raillerie?

C'est que, dans les plus grandes affaires, il y a toujours quelque côté qui prête au ridicule; c'est que, surtout dans l'affaire de l'Odéon, je me suis trouvé plus d'une fois en présence de certains personnages vraiment dignes des crayons de Calot, et que je n'ai pu résister au désir d'en esquisser, en passant, quelques traits;

C'est aussi que j'ai voulu mettre en pratique le précepte d'Horace, qui sert d'épigraphe à mon Mémoire :

. . . . *Ridiculum acri*
Fortius et melius magnas plerumque secat res.

Paris, 8 juillet 1816.

MÉMOIRE.

Quoi! disais-je, en froissant d'un air morne et sinistre
Un billet cacheté des armes d'un ministre,
L'Europe aura changé de système et de lois,
Abattu le tyran des peuples et des rois;
Les soldats alliés du Caucase à la Sprée
Auront de nos aïeux ravagé la contrée;
Le Français, gémissant sous des libérateurs,
A, sans être vaincu, reconnu des vainqueurs;
L'univers retentit de sa défaite illustre.... ;
Et moi, succomberai-je et sans gloire et sans lustre?
Et sans qu'aux yeux de tous l'impassible univers
Ait, par quelque prodige, annoncé mes revers?
  Moi qui, sans être roi, sans trône, sans provinces,
Ai compté sous mes lois des héros et des princes,
Des princesses, surtout; moi qui vis à ma voix
Se régler de la pourpre et le luxe et le choix;
Qui décidais, suivant le rang de mes vassales,
La pesanteur d'un sceptre et les marches royales;
Moi qui, par un pouvoir à nul autre pareil,
Changeais des temps, des lieux le mobile appareil;
Qui, des lambris dorés de leurs palais splendides,
Transportais mes tyrans dans des déserts arides,

Et qui souvent, lassés du trône et du devoir,
Les voyais, de sang-froid, pour échapper le soir
Au magnifique ennui de la grandeur suprême,
Employer le poison, le fer, la foudre même;
La foudre qui long-temps respecta mes arrêts!
O splendeur éclipsée! ô disgrâce! ô regrets!
Salomon, j'ai connu ta vanité funeste :
L'ennui, l'inquiétude est tout ce qui me reste.
Que suis-je? humble sujet cherchant un protecteur.
J'étais.... de l'Odéon j'étais le directeur.
J'étais!.... mot que l'orgueil apprend dans la disgrâce.
J'étais ministre, a dit l'ambitieux qui passe;
J'étais roi, dit tout bas, de ses remords pressé,
Le général qui tombe; et son œil est baissé :
Moi, j'étais directeur, et je lève la tête;
J'attends, modeste et fier, mon arrêt qui s'apprête.

Défenseur d'Archias, patron des avocats,
Qu'ils invoquent sans cesse et qu'ils n'imitent pas,
Prête-moi ce talent qui punit l'injustice,
Qui d'un vil proconsul confondit l'avarice,
Et qui vengea le sang des Romains insultés,
Aux champs siciliens cruellement fouettés....
— Bon Dieu! dit mon lecteur, quel début poétique!
Pourquoi nous parle-t-il de rois, de république,
A propos d'avocats? et quel nouveau travers
Le fait dans un procès nous débiter des vers?
L'éloquent Cicéron ne peut, quoi qu'il en dise,
Le préserver du tort de dire une sottise.

Ne saurait-il, ainsi que les autres plaideurs,
Nous ennuyer en prose en contant ses malheurs?
Que veut-il nous prouver par sa rime inutile?
— Cette observation pour le moins est futile,
Et c'est trop lestement traiter mon Apollon :
Une rime jamais ne gâta la raison.
Mais, lecteur, calme-toi : je te promets, pour cause,
De donner à mon vers le faux air de la prose.
Laissons donc ce discours. Je te dirai d'abord
Que le faible est ici victime du plus fort;
Que le grand avocat de la liste civile,
Dans son fatras brutal, dans sa prose incivile,
Montre le seul talent du calomniateur.
Je te dirai comment, sans être débiteur,
Et sans avoir manqué d'ordre, d'économie,
Je vois de créanciers une tourbe ennemie
Assiéger mes foyers ; des huissiers, des recors
M'apporter, chaque jour, exploits, prises-de-corps;
Comment un bon ami, gaîment et sans malice,
M'a tout pris, place et bien, pour me rendre service.
Hélas! puisque le sort me condamne à plaider,
Puisque je dois encor courir et demander,
Répondre à l'avocat de l'adverse partie,
Je prétends me défendre en amant de Thalie,
De quelques traits plaisans égayer mon procès :
Mes vers vaudront au moins la prose de palais;
La prose de palais si difficile à lire!
Et que Beaumarchais seul eut le talent d'écrire.
Mais ne crains point qu'usant de la permission,
Je lasse ton esprit de la *soumission*,

De la *transaction*, expressions nasales,
Superbes au barreau, mais aux auteurs fatales (1).
Je veux bien rire un peu; mais, en plaideur prudent,
J'ai pris un défenseur, et, grâce à son talent,
Et plus à la raison, j'obtiendrai, je l'espère,
Dans mes juges bientôt un appui salutaire.
Sans le factum obscur d'un célèbre avocat
Qui prétend sur ma cause appeler quelque éclat,
Patient, résigné, j'aurais, dans le silence,
Accepté mon arrêt avec reconnaissance (2).
Mais me taire aujourd'hui, me taire! quand je vois
L'appui de l'orphelin et le vengeur des lois
Diriger contre moi sa faconde importune,
Calomnier le faible, accabler l'infortune,
Me présenter aux yeux du juge souverain
Comme un séditieux sans morale et sans frein;
Contre un humble rimeur armer la politique;
Le livrer aux dangers de la haine publique;
Et cela pour prouver, à moi le demandeur,
Que le gouvernement n'est point mon débiteur,
Et que je ferais mieux d'aller, sans perdre haleine,
Revendiquer ma dette à l'île Sainte-Hélène!
Ventrebleu! mais comment un noble défenseur
Avec ce ton cruel raille-t-il le malheur?

(1) Je renvoie pour tous les détails aux Mémoires des Administrateurs. Le mien, je l'ai dit, n'a pour but que de me défendre personnellement de la calomnie, et de faire connaître les véritables causes de ma ruine.

(2) Mais M. l'avocat Guichard veut du bruit.

En a-t-il donc reçu l'ordre du ministère ?
Non. Chacun est instruit qu'en sa justice austère
Il sait, quand il le faut, prononcer contre lui,
Et par sa force même il dédaigne un appui :
Digne en tout de Louis dont l'équité sévère
Fait asseoir la sagesse au trône héréditaire.
— C'est très-bien, va me dire encor certain lecteur ;
Mais vous vous emportez ; c'est mal pour un auteur :
Reprenez, s'il vous plaît, un style plus comique.
Vous êtes né, je crois, dans la vieille Armorique,
Et vos raisonnemens ont certaine âpreté
Qui vous signalera pour un homme entêté.
C'est un défaut, dit-on, qui tient à votre terre.
— J'en conviens avec vous, le Breton est colère,
Mais généreux et franc ; il reconnaît son tort,
Il cède à la faiblesse, et lutte avec le fort.
Tous les provinciaux nous offrent un mélange
De différens défauts : mon lot vous semble étrange ;
Tant pis ! et j'aime mieux, très-content de ma part,
Être ce que je suis que d'être né Picard.
Si l'on trouve entre nous très-peu de différence,
Si nos mœurs et nos goûts ont quelque ressemblance,
Je croirais cependant tel Picard plus malin
Que tous les Bas-Bretons de Quimper-Corentin.
— Par un individu, quoi ! vous jugez l'espèce ?
— Non ; mais j'en connais un, plein de ruse et d'adresse,
Qui ne met point de terme à ses prétentions.
Il a, selon le temps, deux réputations.
Et quand son intérêt trouve une résistance,
Il sait capituler avec sa conscience ;

Il est tout à la fois compère et charlatan,
Ouvert et songe-creux, bavard, triste et plaisant;
Conteur et tatillon, bourgeoisement il fronde,
Et n'en reste pas moins cousin de tout le monde;
Avide et caressant comme un collatéral,
Il se vante du bien, et fait tout bas le mal;
Que l'un de ses voisins de sa petite ville,
Qu'un ami de collége arrive : il est utile.
Pour son avancement il saura s'en servir,
Mais selon le passé, le présent, l'avenir;
Et si rien n'a trompé ses promptes conjectures;
Appuyé par le sort et par des impostures,
Notre solliciteur médiocre et rampant
Par d'adroits ricochets se verra triomphant,
Parviendra par intrigue à la faveur dernière,
Et montrera l'honneur près de sa boutonnière.
— Paix ! me dit mon censeur : laissez-là vos portraits.
Vous parlez au public; songez qu'il faut des faits;
Et lorsque contre vous on imprime un Mémoire,
A votre tour aussi, contez-nous votre histoire.
Pourquoi de l'Odéon n'êtes-vous plus le chef?
Dites la vérité; mais surtout soyez bref.
— Eh bien, ami lecteur, quittez ce ton sévère;
Je déduirai mon cas, et gaîment, pour vous plaire.
Vous verrez que l'on peut, abdiquant la grandeur,
Directeur détrôné, garder sa bonne humeur.
Pouvez-vous ignorer mes nobles destinées?
Mes lyriques sujets vous ont plu sept années,
Quand ils venaient sans crainte, et non pas sans effort,
Moduler la souffrance et roucouler la mort.

Mais n'anticipons point : en tout il faut de l'ordre ;
La critique affamée aurait bientôt à mordre;
De tous les avocats je crains trop les caquets :
L'usage, avant le droit, veut exposer les faits.
Messieurs, j'imiterai votre savant grimoire ,
Dussé-je, comme vous, ennuyer l'auditoire.

FAITS.

Au siècle dix-neuvième, en l'an mil huit cent sept,
Ma tête, un beau matin, enfanta le projet
De vivre loin du monde, aux campagnes d'Yères,
D'y consacrer mes jours aux vertus casanières;
Quelques arpens de prés, des bois, un clair ruisseau,
Les Muses, mes enfans, mes fleurs et mon bateau,
Enfin ces doux plaisirs donnés par la nature,
Qu'on prend sans passion, qu'on quitte sans murmure,
Ne laissaient point de place aux avides souhaits,
Et j'avais le bonheur, puisque j'avais la paix;
Lorsqu'un jour une lettre.... ô fatale journée!
Vers un but plus brillant tourna ma destinée.
Un ami m'apprenait que de grandes faveurs
Le comblaient à la fois de fortune et d'honneurs.
« Directeur de Louvois, petite succursale,
» Je passe à l'Opéra, superbe cathédrale.
» J'y vais, m'écrivait-il, diriger le plain-chant,
» Et montrer au public, des dieux, pour son argent,
» Des nymphes, des démons, engeance très-humaine,
» Que le public n'aura que trois fois par semaine.

» Si tu veux à ton tour essayer du métier,
» Pauvre comme un auteur, tu prendras un croupier.
» Mon théâtre t'attend : tu peux aisément croire
» Que je fais ta fortune en te vendant ma gloire. »
Cet écrit séducteur me fit impression;
J'appris à désirer... Fatale ambition!
Je quitte ma retraite, où je vivais en sage,
Et je me rends en poste au-devant du naufrage.
Vêtu d'un riche habit, à la cour je parais.
Ma femme si brillant ne m'avait vu jamais.
Elle me trouva bien. Je cours, je sollicite,
Et j'obtiens cet emploi, qui passait mon mérite.
De retour à Paris, j'annonce ma faveur;
Je suis environné d'un cortége flatteur;
On m'invite, on m'écrit, on demande, on espère.
Je puis avoir besoin d'un petit secrétaire,
Il s'en présente dix. Un puissant protecteur,
Sans information, m'envoie un contrôleur.
Tout Paris veut placer des ouvreuses de loges;
On me prie, on m'obsède, on me comble d'éloges;
On prévoit mes talens; et déjà les journaux
Me font des complimens sur mes succès nouveaux.
Ainsi le favori qu'on porte au ministère
D'un peuple infortuné va finir la misère;
C'est un aigle, un grand homme, au moins jusqu'à l'instant
Où de son successeur on doit en dire autant.
Je ne m'aveuglai point sur ma grandeur future,
Et mon premier regret fut pour ma vie obscure;
Mais entré dans la voie, et guidé par l'orgueil,
Je poursuivis ma route et j'ai touché l'écueil.

Cependant au milieu de ce tracas comique
Mon bon prédécesseur à terminer s'applique.
On va chez le notaire, on passe des contrats,
On discute, on marchande, on dresse des états;
Des plus riches objets on fait un inventaire;
On descend trois palais et l'on étend sur terre
Trente aunes d'océan, un ancien horizon,
Un tonnerre tout neuf, la Gloire et la prison;
Dix bouteilles d'éclairs, et mille autres merveilles
Qui font frémir les cœurs et dresser les oreilles.
De l'une et l'autre part on fut assez content;
Mon ami céda tout pour de l'argent comptant.
Me voilà possesseur d'un temple de Thalie,
Et d'un assortiment de chanteurs d'Italie.
Il faut un autre esprit qu'un pauvre auteur ne l'a
Pour bien faire parler et chanter tout cela;
Mais j'y parvins, malgré les guerres intestines
Qu'entre elles se faisaient des princesses mutines;
Guerres dont l'entreprise a payé tous les frais.
La *Prima* s'enrhumait pour avoir pris le frais
En allant seule au bois faire une promenade;
Notre Tenor jaloux soudain tombait malade:
Un Bouffe ne veut pas qu'on monte un opéra
Qui n'est pas dans sa voix; mais à l'autre il plaira:
Et, quand il est monté, c'est bien une autre affaire;
Il faut changer l'étoffe, il faut faire et défaire.
Donnez du mérinos, on voudra du satin;
Le corset est mal fait, tout l'habit est mesquin;
Le sceptre est trop pesant pour la main de la reine,
L'amant emprisonné ne veut pas qu'on l'enchaîne.

Enfin ce sont des cris, des réclamations,
Qui troublent pour le moins dix répétitions.
Le jour fatal arrive, on se tait, on soupire;
Tout le monde s'entend, et le public admire.
Mais rentrons dans les faits : Un grand événement
Changea tous les esprits et le gouvernement.
Louis, vainqueur enfin de ses destins contraires,
Rappela les vertus au trône de ses pères;
Et la France allia, par un mélange heureux
Ses droits, sa liberté, le plus doux de ses vœux,
Au consolant espoir d'être chère à son maître,
De revoir ses beaux jours et sa gaîté peut-être!
Comme on voit de nos monts s'élancer les torrens,
Et porter leur limon à des flots transparens,
Ainsi l'ambition, ouragan politique,
Trouble tous les états et la paix domestique.
Vous rencontrez partout des dénonciateurs,
Des fourbes, des ingrats, des calomniateurs;
Enfin tous les méchans que le désordre arrange,
Et que la seule paix fait rentrer dans la fange.
Aux crimes on unit de ces petits forfaits
Que les plus sages lois ne puniront jamais.
Je parle en ce moment des lâchetés secrètes
Que l'on fait en tremblant et qui pourtant sont faites,
De ces écrits tracés par de très-bonnes gens
Qui veulent vous ravir le fruit de vos talens.
Mais n'en disons pas trop, et parlons du théâtre.
Je commandais gaîment à ma troupe folâtre,
Et je m'applaudissais du retour de Bourbon,
Lorsqu'un bruit malveillant me trouble à l'Odéon.

On me montre un écrit tramé dans le silence,
Et qui n'a pas d'esprit coûté forte dépense (1).
Cette pétition, en termes très-bourgeois,
M'accuse d'indolence et de courir les bois;
De ne point des acteurs soulager les détresses;
De ne point m'occuper du sort de mes princesses...
On m'y disait ces mots pour prix de tous mes soins :
« Vous aimez la campagne, *allez garder vos foins*;
» Nous demandons pour chef notre appui, notre père,
» Notre ancien directeur, notre dieu tutélaire. »
A cet écrit, signé de trois acteurs français,
De plus hardis que moi seraient restés muets...
Si, dis-je, ces Messieurs, dans leur petit libelle,
Trouvent mon successeur dans mon ami fidèle,
Quand ils ont fait l'écrit, sans doute il était là...
En effet, cet écrit sortait de l'Opéra (2).
Une réflexion vint adoucir ma peine :
Des gens que l'on aima peut-on craindre la haine?
Non! je ne t'en crois pas, Chamfort, quand tu nous dis,
En parlant plaisamment de trois de tes amis :
L'un est indifférent, et *le second m'envie*;
Le dernier me déteste. A ta misanthropie
Je ne céderai point, écrivain bilieux.

(1) C'est chez un seigneur très-aimable (M. le duc de Maillé) que j'ai vu l'une des expéditions de ce chef-d'œuvre.

(2) Ici je donne une petite entorse à la vérité. Ce n'est que très-tard que j'ai connu les détails de ce qui s'était tramé dans le cabinet de M. le directeur de l'Opéra; dans mon ignorance, j'allai conter mes chagrins à mon véritable ami qui en était la cause. — N'y aurait-il pas là une situation comique?

Que sur un tel sujet notre *Jean* pense mieux,
Lorsque de l'amitié naïvement il cause !

« Qu'un ami véritable est une douce chose!
» Il cherche vos besoins au fond de votre cœur,
» Et vous épargne la pudeur
» De les lui découvrir vous-même. »

Eh bien ! de mon ami c'était là le système ;
Il savait mes regrets, il connaissait mes vœux :
Par mon expulsion il me rendait heureux.
Je me plaignais souvent du destin trop contraire
Qui m'enlevait aux arts, seuls biens faits pour me plaire ;
Je demandais du temps ; il a dit : « Tu l'auras.
» Sur la scène française on ne t'applaudit pas ;
» On appelle ta muse à l'Opéra-Comique,
» Et tu dois un pendant au *Tyran domestique.*
» Tu pourras, grâce à moi, retrouver des talens,
» Et nous donner au moins deux pièces tous les ans.
» Une place toujours engourdit le génie ;
» Point de paresse, ami, va courtiser Thalie ;
» De notre grand Molière emprunte les pinceaux ;
» Dessine à larges traits plusieurs originaux :
» Il en est un surtout qu'il faut que je te nomme.
» Pour toi je l'inventai : peins-moi le *Faux Bonhomme*,
» Qui dérobe au public, sous un masque joyeux,
» Le cœur aride et froid d'un perfide envieux,
» Qui plaisante et trahit, qui sourit et dénonce,
» Et qui voit un bienfait dans le trait qu'il enfonce.
» Ce personnage est bon ; si tu veux commencer,
» Je puis, par amitié, t'aider à le tracer.
» Je te réserve encore un autre caractère ;

» Un autre ! il en est dix que tu pourras nous faire.
» Peins, en caricature, *un petit important*,
» *Un rusé patelin, un honnête intrigant*,
» *Le bon ami du jour, et l'homme à coterie*,
» A ses autels changeans portant la flatterie.
» Fais plus : essaye un jour, mais en me copiant,
» De donner aux Français, *médiocre et rampant*.
» De ces sujets heureux grossis ton répertoire;
» Si je double ton temps, c'est pour tripler ta gloire.
» Mon sacrifice est noble autant qu'il est urgent;
» Et c'est pour t'enrichir que je prends ton argent (1).
Que mon confrère est grand en ses nobles ressources!
Que de peines, de soins, et d'écrits et de courses
Pour m'ôter mon théâtre, et, dans un doux repos,
Pour rendre mon esprit à créer plus dispos!
Telle est encor pour moi sa bonté tutélaire,
« Qu'il croit n'avoir rien fait tant qu'il lui reste à faire, »
Qu'il voudrait employer ses amis importans
A me faire enfermer pour me donner du temps,
Un autre événement vint *activer* son zèle.
Une aimable sirène, aussi bonne que belle,
Descendit tout exprès des rives d'Albion,
Pour cultiver mon champ, récolter ma moisson.
Elle prit à Paris, pour lui servir de guide,

(1) Je ne pouvais échapper à la tendre sollicitude de mon ami, puisqu'il avait fait un compromis avec *M. Prat*, par lequel il s'engageait à lui faire avoir ma place dans l'espace d'un an, à la condition qu'il ferait une pension de cent louis au pauvre chassé, qui était bien loin de se douter de ce bienveillant arrangement. — Quelle prévoyance ! et quel pouvoir !

Un vrai Cicerone, valet très-peu timide (1)
Qu'on rencontre partout, qui se croit bien reçu
Lorsque pour le chasser on ne l'a pas battu.
Il la produit, on l'aime en dépit du cortége;
Elle chante, on l'admire : enfin, que vous dirai-je?...
Aux accords d'Amphion si Thèbes s'élevait,
Aux chants d'Angelica l'Odéon s'écroulait.
Elle sut les projets de mon ami fidèle
Qui, toujours pour mon bien, s'entendit avec elle;
Par ce plan, mon ami restait à l'Odéon,
Et les Bouffes devaient dans un autre canton
Suivre les douces lois de l'aimable sirène.
    Ainsi que le nocher sur la liquide plaine
Au souffle d'un zéphyr peut annoncer d'abord
Les autans déchaînés, le naufrage et la mort;
De même je vis trop, à certain caquetage,
Les résultats fâcheux de ce comique orage.
Un ordre vint bientôt augmenter ma frayeur,
Ordre trop rigoureux qui, de par monseigneur,
Otait, en nous privant d'un respectable titre,
Par mois vingt mille francs au comptable registre (2).
Je vais, je cours, j'écris, j'assemble le conseil.

(1) Je puis me dispenser de parler de ce nouveau personnage, j'en aurais trop à dire; et comme il est étranger à ma cause personnelle, je veux, en me taisant, m'acquérir des droits à sa reconnaissance.

(2) Attendu que je n'avais pas, disait-on, de *privilège légal*, on nous ôtait le titre de *théâtre royal*, et on nous supprimait le secours mensuel. Mais comme on ne fermait pas le théâtre par un ordre supérieur, et qu'on nous permettait au contraire de jouer,

Que faire, que résoudre, en un trouble pareil?
Le conseil assemblé dit que du ministère
Une intrigue a trompé la justice sévère,
Qu'envers nous de sa force il ne saurait user,
Et qu'il suffit enfin de le désabuser;
On m'envoie au ministre, il faut que je l'éclaire.
Mais, hélas! je ne peux parler qu'au secrétaire,
Homme de très-bon sens et des plus délicats,
Têtu comme un Breton, quoiqu'il ne le soit pas.
Il accueillit si bien remontrance et prière
Qu'il me laissait un choix: la corde ou la rivière (1).
En vain je lui citais tous nos engagemens,
Et de nos créanciers les cruels aboiemens,
D'huissiers et de recors les fâcheuses cohortes,
Et Sainte-Pélagie, et ses terribles portes,
Et les discours savans des défenseurs des lois
Qui s'offraient à l'envi pour soutenir nos droits (2),
Tous nos malheurs enfin. Hélas! mon éloquence
Ne put rien obtenir de sa froide importance.

les administrateurs se sont trouvés responsables des dettes contractées en raison du secours sur lequel ils devaient compter, puisqu'ils avaient été installés par l'*intendant des Menus-Plaisirs*, qui avait assisté à leurs délibérations.

(1) Ah! si dans cet instant j'avais pu approcher de M. le comte de Blacas, j'aurais tout obtenu de sa justice et de la noblesse de son âme; mais l'intrigue et la calomnie m'en éloignaient. Un jour tout se découvrira.

(2) M. Belart, dont le mérite est si connu, chercha tous les moyens de nous sauver de notre ruine. Il ne craignit pas de nous donner, par une lettre insérée dans les journaux, une preuve aussi publique que généreuse de la bonté de notre cause.

« Eh bien ! dis-je, les lois, appui de la raison,
» Viendront à mon secours ». — « Le projet est fort bon !
» Quoi ! vous voulez plaider contre le ministère ?
» Soit : vous éprouverez le sort du pot de terre (1). »
Il a dit. A ce mot je sortis tristement ;
Je n'eus plus de chagrin, mais de l'accablement.
Je vis des ennemis trop forts pour ma faiblesse,
Qui joignaient à l'esprit le pouvoir et l'adresse,
Actifs dans leurs projets près du gouvernement
Dont ils sont les flatteurs selon l'événement,
Et qui tournent leurs pas toujours vers le solide.
Dans mon trouble pourtant une lueur me guide.
Le secrétaire dis-je, en me parlant de *pot*,
A voulu me prouver qu'il n'était pas un sot :
Souvent l'instruction beaucoup trop loin nous mène.
Je ne puis être ici le pot de la Fontaine ;
Et nos mœurs et nos goûts, notre esprit, nos habits
Ne sont plus maintenant ce qu'ils furent jadis.
Cette fable naïve exige un commentaire,
Elle dit à peu près : — « Voyageur pot de terre,
» Si près d'un pot de fer tu fais le moindre pas,
» Froissé par le plus fort, tu tombes en éclats. »
Le bonhomme ignorait qu'il est une autre argile
Qui se rend à propos malléable et ductile,
Qui ne va point au feu, qui se boursoufle à l'air,
Et dont les pots ne sont de terre ni de fer.

(1) M. le secrétaire général doit être trop homme d'honneur pour nier une aimable citation, faite devant témoins, qui prouve la bonté de son cœur et de son esprit.

Ces pots ont deux façons, selon la circonstance :
Ils sont chez les bourgeois des cruches d'apparence ;
Ils sont, dans les palais, mesquins et rétrécis,
Et près des vases d'or tout-à-fait aplatis ;
Pots qu'on foule à ses pieds, dont la commune espèce
Se sauve du néant par sa molle faiblesse,
Et que les bons esprits relèguent à jamais
Dans les lieux écartés pour servir aux valets.
Quant à moi, qui ne suis qu'un ancien pot de terre,
Serai-je donc cassé par notre secrétaire ?
Serai-je donc cassé pour ne savoir plier ?
J'eus le malheur d'avoir un Breton pour potier.
Est-ce ma faute à moi si sa pâte, trop ferme,
Contre un injuste choc ne bouge ainsi qu'un terme ?
Si dans l'occasion, pour défendre mon lot,
Je discute et raisonne aussi bien qu'un grand pot.
Non ; vous avez beau dire, et la menace est vaine,
Je n'aurai point le sort prédit par La Fontaine.
Les pots, dans ce bas monde, ont chacun leur emploi ;
Leur usage et leur sort sont fixés par la loi ;
Et, pour les écraser d'un coup de la puissance,
Il faudrait du gardien tromper la vigilance.
Comme il ne souffre pas qu'on trouble son repos,
Qu'à tort comme à travers on lui casse ses pots,
Il saura me défendre. Oui, son cœur magnanime
S'est fait du droit du faible un rempart légitime.
Il règne ; et sa bonté, que l'on connaît assez,
Ne fait pas au moins fort payer les pots cassés.
Je méditais ainsi sans savoir que résoudre,
Quand un éclair brûlant nous annonça la foudre.

L'artisan de nos maux, l'effroi des nations,
L'enfant dénaturé des révolutions,
Paraît à nos regards; il commande, il entraîne,
Il séduit le timide, il fait taire la haine.
Il dit, en menaçant, qu'il joint à ses projets
L'intérêt et l'honneur, la liberté, la paix.
Il dit à des guerriers chéris par la victoire,
Qu'aux pieds de la patrie il enchaîne la gloire.
Il dit... la mort répond. — On s'arme, il est armé.
L'impétueux salpêtre est partout enflammé,
Le sang coule ; et bientôt la France consternée
De ses derniers enfans pleure la destinée.
En ces instans de trouble et de confusion,
Pour sa disgrâce, enfin, qu'a donc fait l'Odéon?
Rien de plus que n'ont fait les tribunaux, la ville,
Et monsieur l'avocat de la liste civile;
Rien de plus que Feydeau, les Français, l'Opéra,
Et monsieur l'avocat, qui, de sa main signa
L'acte additionnel, cet assemblage informe
Qu'on nous avait jeté seulement pour la forme.
A l'entendre pourtant, je serais un vaurien,
Un fier bonapartiste, un mauvais citoyen:
J'aime par-dessus tout l'usurpateur *mon maître* (1):
Mais il l'était de vous plus que de moi, peut-être;
Et certain ci-devant pourrait avec éclat,
Quoiqu'absent, le prouver à monsieur l'avocat.
Mais laissons ce sujet, il échauffe la bile,
Et pour plaider sa cause il faut être tranquille.

(1) Ce mot est souligné dans le mémoire. On voit que M. l'avocat entend toutes les finesses du style.

Buonaparte, au théâtre ayant rendu ses droits,
Aux acteurs enroués rendit aussi la voix.
Un nouveau chef (1) déjà commande à l'entreprise;
Il ordonne des chants, la gaîté s'organise;
Mais où prendre l'argent pour payer les Bouffons?
Il lui fallait du fer et non pas des chansons.
Bientôt, par ordre exprès, Buonaparte lui-même
Fit passer mes États sous une loi suprême;
Et, perdant à l'instant mes droits de Directeur,
Je devins pour son compte un humble Régisseur (2).
J'ai dit sur nos malheurs tout ce que j'ai dû dire:
Je ne parlerai point du sort d'un grand empire;
Mais je dois ce seul mot à nos braves soldats....
A leurs trépas si beaux il manquait un trépas!
Détournons nos regards d'une scène cruelle.
De bonheur et de paix une lueur nouvelle
Ramène le courage et l'espoir dans Paris:
La France dans ses murs a vu rentrer Louis.
Mais, hélas! ce retour, si cher à la patrie,
Rappela contre moi cette haine ennemie
Sous la quelle bientôt je devais succomber.
De ma gloire à mon tour il me fallut tomber.
Je reçois un écrit qui m'apprend ma disgrâce (3).
Dans ce jour qui me vit dépouillé de ma place,

(1) M. de Montesquiou, surintendant des quatre grands théâtres.

(2) Buonaparte fit établir un compte de clerc à maître. C'est le payement des dettes de l'interrègne que M. l'avocat nous envoye chercher à l'île Sainte-Hélène.

(3) Je prie le lecteur de faire attention à cette note, et de

Je désirai revoir les lieux où mon pouvoir
Traçait avec douceur la marche du devoir ;
Je parus au théâtre où bientôt ma figure
Aux acteurs étonnés dit ma déconfiture.
Je vis leur embarras. Pour comble de malheur,
Il se fait un grand bruit, c'était mon successeur,
Qui, le regard bénin et la marche assurée,
Faisait avec orgueil sa triomphale entrée.
D'acteurs en un moment il est environné;
On court près d'un heureux, on fuit l'infortuné!
Je me vis seul : j'allais m'éloigner sans rien dire....
Ma situation prêtant à la satire,
Je voulus jusqu'au bout recevoir ma leçon.
Je m'approche du groupe où parlait le patron.
A l'épais financier j'adresse la parole:
Le bourru ne répond que par un tour d'épaule,

tâcher de la comprendre : Par une première lettre du 11 janvier, le ministre nous prévient qu'à dater du premier janvier, on nous retire le titre de Théâtre Royal et le *secours mensuel*, attendu que *je n'ai point de privilége légal.*

Une seconde lettre du 19 mars, dernier jour du ministère de M. le comte de Blacas, confirme cette première décision, en nous accordant néanmoins le *secours du mois de janvier.*

Et le 25 août, lorsque M. le comte *de Blacas est en Italie*, on m'ôte tout-à-fait, par cette *même décision du premier janvier*, ma place de directeur, et on la donne à M. Picard, attendu que *M. Picard*, y est-il dit, *a vendu son privilége sans garantie de temps et de duréee.*

Cette décision, qui varie selon les circonstances, est sans doute très-intelligible pour M. le secrétaire-général, et très-agréable pour M. Picard, *qui a vendu*, comme le reconnaît le ministère lui-même.

Le valet me regarde avec l'air dédaigneux;
Je n'ose interroger le premier amoureux;
Je vois trop l'embarras que ma présence donne,
Et lis dans tous les yeux l'ennui de ma personne.
Des dames cependant j'obtins plus de bonté,
Peut-être par esprit de contrariété;
Elles vinrent à moi m'assurer avec grâce
Qu'elles prennaient beaucoup de part à ma disgrâce.
Adieu, jeunes beautés, sexe consolateur!
Vous valez mieux que l'homme aux yeux d'un directeur!
O vous qui dirigez le théâtre du monde,
Vous qu'on flatte tout haut et que tout bas on fronde;
Si du cœur vous voulez sonder les profondeurs,
Et voir à découvert des ingrats, des flatteurs;
Si vous ne craignez point le noir tableau des vices,
Puissans disgraciés, rentrez dans vos coulisses!
Je réfléchis encor, de retour au logis,
Sur le destin des grands, le bon cœur des amis;
Du bon ami surtout qui venait de reprendre
Tout le bien qu'autrefois il avait su me vendre.
Eh bien, quand l'intérêt veut me sacrifier,
Vendons cher mon argent avant que de payer,
Dis-je; l'on me punit de la juste colère
Que me fit éprouver l'injuste secrétaire:
Sans lui manquer d'égards je fus un peu Breton;
Serais-je ruiné pour avoir eu raison?
Pour avoir assuré que dans toute l'affaire
On avait sans pudeur trompé le ministère;
Qu'il était généreux, et que peut-être un jour
Je pourrais des méchans triompher à mon tour?

Cet espoir me soutint, et je repris courage.
J'allai voir un ministre, un philosophe, un sage (1),
J'invoque la justice, et dans l'instant j'obtiens
Un tribunal formé des meilleurs citoyens;
De qui la probité noble et recommandable
Me donne droit d'attendre un arrêt favorable.

Je l'attendais en paix, quand le plus sot écrit,
Sans foi, sans vérité, sans preuves, me noircit;
Aux pieds du tribunal son auteur me proclame
Un criminel d'état, un adversaire infâme,
Qu'il faudrait enfermer aux Petites-Maisons,
Pour oser se servir de trop bonnes raisons;
Pour avoir repoussé les coups d'un secrétaire
Dont un mot foudroyant m'ordonna de me taire;
Pour être trop chéri d'un ami délicat,
Et lâchement traité par un brave avocat.

Mais l'avocat pourtant a fait une bévue,
Quand sur nous du public il appelle la vue.
Le public d'un auteur est le vrai tribunal.
Comment ne sait-il pas que je suis son vassal?

(1) Ce n'est pas encore le moment de prouver à ce véritable grand seigneur l'étendue de ma reconnaissance. Il me suffira de dire que je ne dois sa bienveillante justice ni à des flatteries qu'il repousserait, ni à des importunités dont ma paresse me rend incapable. Je me contente de dire aux infortunés que l'intrigue poursuit : *Adressez-vous à M. le duc de Richelieu.*

Je dirai de même à ceux qui ont des affaires auprès de la maison du Roi : *Adressez-vous à M. le comte de Pradel.* Quelle bienveillance! quelle aimable politesse! — Mais M. le secrétaire général...... Il sait trop bien son La Fontaine!

Que je l'ai reconnu pour mon seigneur et maître ?
Que sa protection m'est acquise peut-être
Par de nombreux travaux et par quelques succès ?
Que de lui j'ai reçu près de quarante arrêts,
Quelques-uns rigoureux, d'autres plus favorables,
Que la postérité pourra trouver cassables,
Mais qui tous ont été, je le jure aujourd'hui,
Sollicités sans honte, obtenus sans appui?
O public ! En t'offrant l'exposé de ma cause,
Ne crois pas sur ces faits que ma plume en impose.
Si je perds ma fortune ainsi que mon repos,
Si je perds le produit de vingt ans de travaux,
Je n'ai point mérité ce revers qui m'accable.
La vérité, brisant le masque du coupable,
Va me rendre si fort de tes opinions,
Que je les prends pour base à mes conclusions.

CONCLUSIONS.

Tu diras, j'en suis sûr : « Je vois, dans cette affaire,
» Que l'intrigue a d'abord trompé le ministère ;
» Mais, comme il est toujours et juste, et généreux,
» Il a voulu revoir son arrêt rigoureux.
» A lire les factums sans que mon œil s'applique,
» D'elle-même je vois que la chose s'explique.
» Certes, le souverain peut bien de ses faveurs
» Choisir selon son gré les heureux possesseurs ;
» Mais je pense, guidé par ma judiciaire,
« Qu'on ne peut dépouiller l'ancien propriétaire

» Pour le profit d'un autre, en laissant au premier,
» Pour surcroît de malheur, les dettes à payer.
» Il est sans privilége ? Eh bien, pour juste arbitre
» Aura-t-il moins les lois ? Possession vaut titre (1).
» Et n'a-t-il pas de plus des contrats ? des décrets.....
» Bref, mon simple bon sens lui prédit le succès.
» Quant à son successeur, à cet ami fidèle
» Qui ruine un ami par un excès de zèle,
» Je désire avec lui me montrer indulgent.
» Je l'accueillis jadis : il est homme à talent,
» Par de nouveaux écrits il peut encor me plaire ;
» Mais qu'il n'enlève plus la place d'un confrère
» Pour lui donner du temps ; ou qu'au moins, par pitié,
» Dieu sauve ses amis de sa tendre amitié.
» Pour vous qui professez l'art aussi beau qu'utile,
» D'arracher au malheur la veuve et le pupille,
» Vous avez sur le faible égaré le soupçon :
» Vous l'enchaînez au char de la rébellion
» Pour avoir comme vous cédé pendant l'orage,
» Et sous un même abri vu passer le nuage.
» Sont-ce là les devoirs d'un honnête avocat ?
» Mais, puisqu'à vos noirceurs vous ajoutez l'éclat,

(1) Le public raisonne tout-à-fait comme M. Belart. Ce grand jurisconsulte n'a cessé de dire : J'admets pour un moment que les actes sont nuls ; mais la possession est un titre, et l'on ne peut renvoyer les administrateurs sans indemnités et sans se charger de leurs dettes. — M. le secrétaire général, qui ne raisonne ni comme le public, ni comme un savant jurisconsulte, répond à cela : *Pot de terre*,

» Puisque vous appelez l'attention publique
» Sur les opinions d'un pauvre auteur comique,
» Je prétends le soustraire aux politiques coups
» Qu'il n'a point mérités et qu'il reçut de vous.
» Sur des droits étendus mon tribunal se fonde :
» Mon œil suit les auteurs dans les détours du monde:
» Si je juge leurs vers, je juge aussi leurs mœurs;
» Et s'ils vont de travers, j'arme tous mes siffleurs.
» Le plaignant, dès vingt ans lancé dans la carrière,
» Voulut la parcourir en évitant l'ornière,
» Et montra du succès le plus noble désir.
» J'ai dû l'encourager au moins pour l'avenir;
» Mais je ne le vis point, courtisan et poëte,
» Pour flatter le pouvoir, délaisser sa retraite,
» Mendier dans les cours un rang, des pensions (1),
» Et s'y donner des droits par ses opinions.
» Non, je ne le vis point, en fatiguant sa muse,
» Comme d'autres auteurs, que par pitié j'excuse,
» Venir vanter, aux jours de nos cruels malheurs,
» Le bel art des tyrans et des usurpateurs.
» Il ne nous a point dit, soit en vers, soit en prose,
» Que de s'entretuer est une belle chose;
» Qu'un soldat couronné fût un roi généreux;
» Qu'il aimait les Français moins pour lui que pour eux;
» Que, s'il s'en emparait dès leur adolescence,
» C'était pour les former, leur faire voir la France;
» Qu'un jeune homme gagnait beaucoup en voyageant;
» Qu'on se portait bien mieux surtout en se battant;

(1) Mon confrère peut certifier que la première pension que j'aie obtenue, je la dois à la munificence de S. M. Louis XVIII.

3

» Qu'une jambe de moins conduisait à la gloire,
» Et qu'il fallait mourir pour vivre dans l'histoire.
» C'est donc avec grand tort, incivil avocat,
» Que, faisant d'un plaideur un criminel d'état,
» Vous venez devant moi calomnier sa vie.
» C'est elle qui répond et qui le justifie.
» Pour châtiment, je veux qu'à défaut de nos lois,
» Ma sœur l'opinion vous donne sur les doigts. »

Grand merci de l'arrêt. — O puissance invisible!
Public! géant sans corps, être incompréhensible!
Qui réunis en toi la raison et le goût,
Toi que l'on cherche en vain et qu'on trouve partout;
Organe à mille voix, sans forme et sans visage,
Dont le silence même est encor un langage;
Qui sais tout, qui vois tout, qui redis à la fois
L'intrigue des boudoirs et les secrets des rois;
Toi, que l'on vit souvent l'appui de la faiblesse,
Toi, que l'on croit tromper, que toujours on caresse;
Qui ris chez les Français et qui vois du même œil
Un opéra-comique et la guerre et son deuil;
Cher public! sois encor mon appui tutélaire!
Ton goût fait nos succès et nous châtie en père;
C'est en vain qu'on te dit d'un esprit très-changeant,
Pendant trois jours au moins tu me seras constant;
J'ai de bonnes raisons pour exciter ton zèle.
Si de plaider en vers la façon est nouvelle,
Si mon petit mémoire a pu te divertir,
Dans son incognito ne le vois pas mourir;

A tort comme à travers raisonne sur ma cause,
Critique bien les vers, approuve quelque chose;
Fais si bien que ta voix arrive au Souverain,
Et qu'il s'informe un peu pourquoi l'on fait ce train.
Tu sais quels sont ses goûts... peut-être il voudra lire.
Un auteur craint un juge, un plaideur le désire.
Le Roi, trop éclairé, peut blâmer mes essais;
Mais, si le juge a ri, j'ai gagné mon procès.

FIN.

www.ingramcontent.com/pod-product-compliance
Ingram Content Group UK Ltd.
Pitfield, Milton Keynes, MK11 3LW, UK
UKHW020948220726
13924UKWH00002B/563